행복하세요!
2021
어느날

길은
언제나
길 속으로
빠져든다

길은 언제나 길 속으로 빠져든다

초판 1쇄 발행 2025년 1월 24일

지은이 윤선태
펴낸이 장길수
펴낸곳 지식과감성#
출판등록 제2012-000081호

교정 김나현
디자인 강샛별, 김희영
편집 강샛별
검수 정은솔, 정윤솔
마케팅 김윤길, 정은혜

주소 서울시 금천구 벚꽃로298 대륭포스트타워6차 1212호
전화 070-4651-3730~4
팩스 070-4325-7006
이메일 ksbookup@naver.com
홈페이지 www.knsbookup.com

ISBN 979-11-392-2389-7(03810)
값 11,000원

• 이 책의 판권은 지은이에게 있습니다.
• 이 책 내용의 전부 또는 일부를 재사용하려면 반드시 지은이의 서면 동의를 받아야 합니다.
• 잘못된 책은 구입하신 곳에서 바꾸어 드립니다.

지식과감성#
홈페이지 바로가기!

윤선태 시집

길은
언제나
길 속으로
빠져든다

즐겁든 슬프든 변함없이 너는 너
잘났든 못났든 생긴 그대로 나는 나

작가의 말

길을 걷는다
봄 여름 가을 겨울 끊임없이
인생길을 걷는다

걸으면서
보고, 듣고, 생각하고 느낀 것을
한 권의 시집으로 엮어
세상에 내놓는다

목차

작가의 말 ··· 5

제1부 봄 길

봄 길	··· 14
쉬어 가시오	··· 15
아직 시린 눈꽃 세상이다	··· 16
미선나무꽃처럼	··· 17
어둠에 빠지다	··· 18
새싹	··· 19
내 남은 생도 벚꽃이고 싶다	··· 20
패러글라이딩	··· 22
그 나무	··· 23
봄밤의 고요	··· 24
그렇게 살아갈밖에	··· 25
텃밭 가꾸기	··· 26

짧은 봄 길	… 28
단체 관광여행	… 29
길은 언제나 길 속으로 빠져든다	… 30

제2부 여름 길

여름 길	⋯ 34
비에 대한 명상	⋯ 36
바람의 언덕 들꽃	⋯ 38
나무와 여우비	⋯ 40
참 좋은 일이 있을 듯하다	⋯ 42
회룡포에서	⋯ 43
그림 앞에 서서 - 박종문 화백에게	⋯ 44
풍경으로 살려 낸 고향 - 박종문 화백에게	⋯ 46
넋두리	⋯ 48
담쟁이덩굴의 변명	⋯ 50
내장산 탁족	⋯ 52
내장산 산딸기	⋯ 54
회룡포 전망대 오르는 길	⋯ 56
비 내리는 회룡포	⋯ 57
회룡포 전망대에서	⋯ 58

제3부 가을 길

가을 길	… 62
건강하세요	… 64
오늘 하루도 그만하기를 빈다	… 65
가을 풍경도 답답할 때가 있다	… 66
새집 줄게 헌 집 돌려주오	… 67
산골 폐교에서	… 68
어느 광장의 가을밤 풍경	… 70
냉수 먹고 속 차려	… 72
고구마 이삭	… 74
선산에서	… 76
조용히 살기	… 77
그 불	… 78
지우고 바꿔	… 79
밤에 대한 추억	… 80

제4부 겨울 길

겨울 길	… 84
초겨울 문턱에서	… 85
겨울 아침 풍경	… 86
눈을 기다리며	… 87
첫눈	… 88
첫눈의 추억	… 90
눈 내린 황학산을 걷다	… 92
볼우물 깊은 가벼운 미소	… 94
어석리 미륵 석불입상	… 95
라면을 끓이며	… 96
석남사 마애석불을 찾아서	… 98
검붉은 산수유 열매 하나	… 99
오래된 습관	… 100
겨울 길은 길고 춥고	… 102
만남과 이별에 대하여	… 104

제5부 인생길

인생길	⋯ 108
밤, 망양 해변에서	⋯ 110
습관적으로	⋯ 112
아픈 이	⋯ 114
빛과 그림자의 법칙	⋯ 115
퇴근길	⋯ 116
재충전	⋯ 117
이사	⋯ 118
함박꽃 당신	⋯ 120
밤은 고요하지 않다	⋯ 122
친구 종성에게	⋯ 124
그 빵을 먹고 싶다	⋯ 126
회식	⋯ 128

제1부
봄 길

봄 길

어영부영 놀기 시작한 지 일 년
삼월 하고도 말
옷차림도 가볍게 하는 봄이다

겨우내 움츠렸던 나무들, 사람들
슬슬 기지개를 켠다
봄 길이 펼쳐진다고 소곤거린다

훈풍에 솔방울 소리 없이 떨어져 뒹굴고
미선나무꽃의 수줍은 미소
짧아도 괜찮다며 들뜬 표정이다

공원의 가장자리엔 연분홍 무대가 열리고
노란 아가종 개나리 머리핀으로 꽂은
아이들의 재잘거림 오후의 햇살을 탄다

바람 한 점 스치며 산책을 유혹하니
백수지만 그저 따르고 싶어
신발 끈을 조이는 봄 길이다

쉬어 가시오

모퉁이를 막 돌아선 사람
쉬어 가시오
막다른 길은 여기까지
탁 트인 새봄의 지평선 길을 꿈꾸며
서두르지 마시오

숨차게 산정에 다다른 사람
쉬어 가시오
흘린 땀 훔치고 팔 벌려 심호흡하며
펼쳐진 봄 풍경에 묻혀
한소끔 푹 뜸 들여 보시오

오늘 하루 마무리한 사람
쉬어 가시오
즐거웠든 슬펐든 지나온 길은 빛바랠 추억
재충전을 위해 누추한 옷 벗어 던지고
봄밤 속에 푹 안겨 보시오

아직 시린 눈꽃 세상이다

궁금함을 뒤척이며
초조를 걸어 두고 지냈지만
떠나기를 주저하는 겨울은
아침마다 눈꽃을 피워 놓고
미적거리고 있었다

짧은 이월이 가고
새들도 하늘길을 다시 날아오르는
입춘이 동행하는 길목이기에
추위조차 물러가기를 바랐지만
절기는 기대에 부응하지 못했다

뿌연 황사 속을 걸으며
초록초록해지려 노력하는 지금도
새봄은 저만큼에서 너처럼 거리를 두고
꽃샘추위와 어울릴 뿐
아직 시린 눈꽃 세상이다

미선나무꽃처럼

지평선 언저리에서
시린 옆구리 부여잡고
얼다 녹기를 반복했다면

저 산 너머 어디쯤에서
길을 찾는 따스함과 쌀쌀함
함께 뒹굴어 헷갈렸다면

차마 고백할 수 없어
뒷전에서 혼자 삭이고 삭이는
어눌한 사랑이었다면

제일 먼저 봄을 여는 미선나무꽃처럼
겨울은 가고 희망의 봄 길만
네 눈앞에 펼쳐지겠다

어둠에 빠지다

한길을 피해 뒷골목으로
도둑고양이처럼 밝음은 숨기고
어둠을 기다리며 동그랗게 지켜만 본다

어떤 계획도 없다
무작정 그대 빛깔과 향기에 취해 내게 오라
전파를 보내 놓고 답신만 기다린다

어둠을 쫓는 나는 박쥐의 습성이 있는가?
변변한 탐지기나 날개도 없이
명암의 경계에 거꾸로 매달려 있다

멈춘 듯 흐르는 시간 속에서
웅크리고 있는 그림자와 벗하니
기대는 쌓이고 새벽만 흘러내린다

끝내 답신은 오지 않는다
희망은 동그란 네모를 만들고도 미련이 남아
봄 길 위에서 어둠에 빠진다

새싹

해 꼬리가 많이 늘었다
는 만큼 느슨한 시간이 흐르고
하품과 함께 밀려드는 나른함에
겨울 길을 지우려 걸음을 옮긴다

변화 없는 일상이 미안하지만
코끝을 스치는 봄 내음 중
애정의 향기만 몰래 모아 양지바른 길섶
마른 풀잎 사이에 숨겨 놓는다

성급히 얼굴 내민 새싹에게
지긋한 시선으로 숨긴 향기 꺼내 놓으면
파릇파릇 돋아나는 푸른 생명의 기미
봄 길을 여는 너를 보는 듯하다

내 남은 생도 벚꽃이고 싶다

교목이 된 교정의 벚나무 한 그루
기대에 부응하려는 듯 올봄에도
하얀 미소 가득 머금고 사람들을 부른다

아침 일찍 들려오는 학생들의 즐거운 울림에
어깨를 나란히 하고 싶지만
어울리지 않는다는 자괴감에 그저
주변인처럼 바라만 본다

갈수록 좁혀 드는 길
뒷전으로 물러설 때가 되었건만 미련 때문에
눈총이 없는 틈을 타 슬그머니
벚나무 밑으로 들어서 본다

어깨 위로 하늘하늘 내려앉는 꽃잎을
정감 어린 소녀인 양 누리고 싶어
쉬 발길을 돌리지 못하고 서성이는데
불현듯 스치는 생각

내 남은 생도 벚꽃이고 싶다
무안함이 앞을 가리고 몸이 말을 안 들어도
짧은 기간 하얗게 불사르다 확 지고 마는
그런 인생길이고 싶다

패러글라이딩

날자, 날자
까투리 달리다 땅을 박차고 날 듯
얇은 천에 나를 맡기고
훨훨 날아 보자

소설가 이상도 이런 세상을 원했을까?
봄바람에 몸을 실어
활공과 체공을 번차례로 묘기까지 선보이며
한바탕 신나게 날아 보자

높고 멀리 지평선까지
멀고 높이 구름 위까지
하늘길을 빙빙 돌며 놀다가
착지는 새처럼 가볍고 또 정확하게

바람에 나를 맡기고
그리운 사람은 그리운 그대로 남겨 둔 채
봄 길 위 날리는 꽃잎처럼
향기롭게 날아 보자

그 나무

선물로 받은 복숭아나무 분재
키울 자신 없어
집 앞 화단에 옮겨 심었었다

그 나무 앞에는 상사화 군락
임을 본 적 없어도 미련 떨치지 못하고
민들레 벗 삼아 초록초록 성장하고 있다

그 나무 왼편에는 키 작은 영산홍
붉은 입술로 주목받고 싶지만, 아직
연한 속잎으로 꽃길을 준비 중이다

그 나무 오른편에는 토끼풀 군락
행운의 네잎클로버는 보이지 않고
행복의 세잎클로버만 다복다복하다

주인을 잘못 만나 신분이 세탁된 그 나무
올봄에도 연분홍 꽃 활짝 피우며
너를 부르는 사랑의 화원 가꾸고 있다

봄밤의 고요

꽉 막혀 질식할 것 같은
넘쳐 주체할 수 없는
곧 터질 듯한
이 적막!

숙면은 그리움 찾아 외출이 잦더니
급기야 가출로 이어지고
돌아올 기미 전혀
보이지 않는다

엎치락뒤치락 홀로 곱씹으면
어둠에 홀린 듯
설렘, 혹은 두려움까지 뒤엉켜
종잡을 수 없고

별빛 스러지는 새벽까지
만지작만지작 잠 못 이루는
이 봄밤의 고요
미치고 환장하겠다!

그렇게 살아갈밖에

머물지 못하고 길을 여는 이 봄
살며 생각하고 느끼며 공감하고 싶지만
겨우내 얼어붙은 추억 접고 나면
드러내기 민망한 빈약한 밑천
아쉽지만 에멜무지로 길 위에 설 수밖에

한 꽃송이에서 다른 꽃송이로
부지 간에 시선을 옮기며 망설이다가
끝내 심중의 말은 가슴에 묻고
'허허, 이 나이에 무슨…'
아무 일 없는 듯 먼 산만 응시할밖에

잘린 순의 상처가 너무 아파
애면글면 다시 돋는 새순의 파릇파릇함
코끝을 맴도는 향기까지 누리다가
그 울림 형언할 수 없다면
봄 길이지만 겨울 길처럼 그렇게 살아갈밖에

텃밭 가꾸기

일요일 온종일 그대 모습을 빚었습니다
겨우내 꿈꿔 왔던 일이기에
가벼운 마음으로 시작한 일이었습니다

윤곽은 쉽게 잡혔습니다
힘들다는 생각은 들지 않았습니다
콧노래가 아지랑이와 함께 미풍을 탈 정도였으니까요

잠깐의 오수에도 그대 빚는 꿈이었습니다
다시 시작해 두둑과 고랑을 만들었습니다
그때까지만 해도 쉽게 끝낼 수 있다고 믿었습니다

그것이 오산이었을까요?
씨를 뿌려야 할 시점에서 연신 땀이 흘렸습니다
불길한 느낌이 엄습해 왔습니다

구속받는 일은 아니므로 잠시 휴식을 두었습니다
곳곳에 때를 만난 냉이꽃들이 미소 짓고 있었습니다
신록도 봄 길 위에서 손을 흔들었습니다

그때, 서편 하늘 노을 속에서 서광이 내리비추며
빚다 만 그대 모습을 완성하고 있었습니다
그 장엄함에 나도 모르게 고개가 숙여졌습니다

무엇을 빚는 것은 참 힘든 일입니다
그것이 사랑일 때는 더욱 어려운 일이고요
지금까지 무엇 하나 제대로 빚지 못한 내가 부끄러워졌습니다

결국, 노을의 힘을 빌리어 그대 모습을 완성했습니다
그 모습 바라보며 간절히 기도했습니다,
늘 그대와 함께하는 텃밭 가꾸기가 되기를

짧은 봄 길

겨울이 지났다 싶더니
봄꽃은 한꺼번에 인사하고
휘날리는 꽃잎들
봄바람에 손을 흔들며
이별 연습 분분했었지

꽃잎 떨군 슬픔 마르자
자줏빛 잎눈
연둣빛 속잎
짙푸르게 화장을 고치며
한꺼번에 밀려오던
그 짧은 봄 길

수수꽃다리 향 천지에 진동하고
두릅 순 미처 크기 전
다 꺾여 나가면
상흔 위에 고이는
굵고 투명한 그 눈물
여름을 무대 위에 올려놓겠네

단체 관광여행

새봄, 당일치기 단체 관광 여행을 갔었지
새벽 정성이 깃든 김밥이 아니라
김밥집 김밥에 안줏거리 푼푼하게 사고
체면은 집에 묶어 둔 채 관광버스 세내어
풍경도 커튼을 치고 작거니 권커니 유행가 부르며
시간 가는 줄 모르게 도착한 목적지

문화 유적은 얼렁뚱땅 시간만 재촉하고
예약한 식당에서 본심을 드러내며
허릅숭이로 부어라 마셔라 쿵작쿵작
와자하니 내남없이 징하게 어울리다가
돌아올 때는 생목이 올라도 한 잔 더
취해 잠든 사람까지 깨워 가며 또 한 잔

모임에서 매년 치르는 행사이지만 그때마다
여행은 흥청망청 여흥이 아니라
보고 듣고 생각하고 느끼고 깨단하는 체험이며
삶의 재충전이라는 간단한 개념 하나
심어 주지 못하는 내가 답답하구나
여줄가리로 어울리는 내가 남우세스럽구나

길은 언제나 길 속으로 빠져든다

이른 새벽 고양이 세수에
곁눈질 한 번 못 하고 허겁지겁
시간의 덫에 걸려 허둥댄다

시동 걸기 무섭게 출발하고
규정 속도를 지키는 척하다 전속력으로
느린 차들은 요리조리 피해 앞지르며
가로수의 열렬한 갈채를 받는다

그나마 그리던 그대 모습
아우성처럼 잡으려다 타인인 듯 휙휙 지나치고
달리는 차 안에서 떠오르는 태양을 맞으면
길은 언제나 길 속으로 빠져든다

운전대에 내 따라지를 걸어 보지만
그 길은 중년 부부의 사랑처럼 익숙한 길
샛길로 빠져도 큰 탈이야 없겠지만
나는 언제쯤 초행길의 설렘으로 돌아갈 수 있을까?

깨단하기 전 도착해 버린 목적지
아옹다옹 삭막해 가는 일과의 시작이지만
세상은 꽃이 피든 지든 늘 푸르다

제2부
여름 길

여름 길

전례 없는 무더위가 시작되자
떠날 사람 다 떠나고
철 늦은 우리 사랑 시작될 무렵
하늘은 억수로 비를 퍼붓기 시작했다

수마는 속보로 전파를 타고
세상은 온통 난리, 난리, 물난리
우리를 잇는 은밀한 다리까지 침수되어
함부로 다닐 수도 없었다

장마는 지루했으므로 삶도 자연 헐거워져
속 모르는 친구들은 나만 탓하고
비에 젖어, 그리움에 싸여
짜증이 절로 묻어나던 여름

어렵게 건넨 상사화 한 분
암향에 취해 간신히 열린 마음에
난생처음 경험하게 된, 아
첫사랑 그 여름 길!

걷고 또 걷다가 나무 사이로 설핏 들어온
황홀한 나락의 꽃 세상
멀리, 아니 아주 가까이
그대가 나이고 내가 그대이던 피안

장마가 그친 줄도 모르고
여기저기 흔적 남기며
차마 떨치고 돌아서고 싶지 않던
흐를수록 익어 가던 그 여름 길!

비에 대한 명상

마음만 촉촉이 적시던
안개비, 이슬비, 잔비, 는개는
설레는 가슴 길이었다

시나브로 젖어 들던
보슬비, 가랑비, 실비, 궂은비는
은근한 바람 길이었다

스치는 인연처럼 왔다가 가던
여우비, 소나기, 마른 비, 먼지잼은
흔들리는 시간 길이었다

옷깃을 적시고도 남던
싸리비, 작달비, 못비, 목비는
흡족한 미소 길이었다

잔가지에서 뿌리까지 적시던
장대비, 채찍비, 작달비, 장맛비는
놀란 가슴 길이었다

인생길에서 가장 소중하다는
단비, 꽃비, 꿀비, 복비는
네가 걷는 여름 아침 길이었다

바람의 언덕 들꽃

비 내리는 산정의 우산 속에서
너는 내 허리를 꼭 잡고
나는 네 어깨를 포근히 감싸며
펼쳐진 풍경을 바라보았지

거대한 풍차들은 들꽃이 흔들릴까 봐
세찬 바람 흥흥흥 돌리고 돌려막고
들꽃은 고맙다며 춤을 추는데
수평선이 밀려오는 아득함에 눈을 감았지

옷이 젖을까 조심조심하던 그 순간
너는 비가 더 내렸으면 좋겠다고 했지
바람의 언덕 들꽃처럼 살 수 있다면
연리지가 되어도 상관없다고 했지

진도를 더 나갈 용기는 없었지만
정신없이 돌아가는 바람개비 하나 선물하고
이 순간 이대로 멈추고 싶었지
영원히 이어지기를 기도했지

비와 바람은 멈출 줄 모르는데
추위에 떠는 연약한 숨결 외면할 수 없어
발길 돌려야 하는 이 마음은, 아
손 흔드는 바람의 언덕 들꽃보다 더 아쉬웠지

나무와 여우비

갑자기 여우비가 내리자
사람들은 저마다 비를 피하고
길고양이마저 숨을 곳을 찾으며
세상은 고즈넉한 길로 빠져든다

천천히 교목 아래로 깃든 나는
젖어 가는 나무줄기에 기대
나뭇잎의 화음을 듣는다
빗소리의 울림을 생각한다

나는 젖어도 너는 젖지 않게
막아 주며 지켜 주는 나뭇잎의 화음처럼
아낌없이 주고 바라지 않을 수 있다면
한쪽 뺨을 맞아도 무진무진 착해지리라

나름 닦아 온 내공으로
부끄럽지 않은 울림의 빗물로 내려
지친 네가 쉬어 갈 수 있도록
편안한 쉼터 만들어 놓고 기다리리라

비 긋자, 사람들 일상으로 돌아가고
나뭇잎 초롱초롱 길고양이 부르며
구름 사이 숨어 있던 여우볕이
쨍하는 여름 길을 다시 연다

참 좋은 일이 있을 듯하다

긴 장마 끝에 이어지는 불볕더위
그 무더위를 즐기며 자라는 잡풀들
꽃뱀이라도 기어 나올 듯
여기저기 쑥대밭이다

계속되는 잔소리 성가셔
억지로 시작한 제초 작업
땀 뻘뻘 그 일이 끝나기 무섭게
좋아라, 날아드는 참새 한 무리

푸짐한 만찬에 놀이터까지 제공해
친구 같은 애인 해도 좋다는 듯
푸른 날갯짓이 가볍다
맑은 울음소리 즐겁다

홀릴 바람 한 점 없는데
코끝을 스치는 풋풋한 풀 내음
그대가 누구인지 잘 몰라도
참 좋은 일이 있을 듯하다

회룡포에서

여유로움 속 깊은 울림으로
부드럽게 흐르다 휘감아 도는
물돌이 동 달항아리 회룡포

자진모리장단으로 때론 중모리장단으로
풍경을 잇겠다고 아우성치며 흐르지만
애처로움 절로 묻어나는 물, 물, 물!

모래사장에 앉아 물멍만 하다가
두 손 살짝 적셔 보거나 발만 담가서는
울적한 마음 씻지 못하리

첨벙! 뛰어들기 남우세스럽다면
인적 뜸한 곳으로 자리를 옮겨 웃통을 벗고
등목이라도 해야 가져온 미련 달랠 수 있으리

진정 애틋한 마음 죄다 흘려보내고 싶다면
벼랑에 뿌리내린 애송처럼 절벽 어디쯤 생을 맡기고
그대는 나무가 되고 나는 물이 되어 만나야 하리

그림 앞에 서서
 - 박종문 화백에게

그림이 벽이고 벽이 그림인 공간
본 적 있는가?
만난 적 있는가?

층과 층 사이 계단 벽
늘 그 자리에 걸려 있지만
지나칠 때마다 달리 보이는 추상화 한 폭

난간에 기대어 한참을 바라보면
추상으로 덧칠한 색상 속에서
꿈틀꿈틀 살아 움직이는 길들
잊었던 바닷길까지 되살아나지

그래, 검푸른 여름 바닷길
물고기와 놀다 쪽배도 타고
큰 파도에 밀려 솟아오르면
하얗게 부서지며 흩뿌리는 검은 바위 위

아슬아슬해 눈 감으면
혹등고래 한 마리 꼬리지느러미를 흔들고
무딘 후각을 깨우는 갯내가 스미는 듯하여
난간을 부여잡아야 했지

더 깊은 상상 속으로 빠져들기 전
수업 종소리 울려 퍼지면
세상은 다시 현실
벽은 벽이고 그림은 그림이네

풍경으로 살려 낸 고향
  - 박종문 화백에게

하얗게 부서지는 햇살 아래
비바람 눈보라 온몸으로 막아 휘어진
미루나무 세 그루가 있는 시골길 풍경이다

덧칠한 추억은 흔들리다 막아서고
지나간 사랑은 막아서다 흔들리며
어서 오라 손짓하고 있다

꼭대기에 걸린 뭉게구름은
어린 시절 동무들 얼굴 떠올려
그리움 배경으로 향수를 자극하고

휘어진 미루나무에 붙어 있을
왕매미들의 울음소리 들리는 듯하여
눈 감고 그 시절로 빠져든다

이제는 찾아가기 어색한 초로이기에
풍경으로 살려 낸 모습이겠지만
그래서 더 돌아가고 싶은 고향인 것을

동구 밖 저 멀리 이제나저제나 애타게 기다리는
머리에 수건 두른 어머니 모습 보일 듯해
눈물 어려 차마 눈길을 돌린다

넋두리

꼬리 긴 장마의 가장자리
초유의 열대야까지 숨죽인 토요일 밤
미안함과 그리움을 안주 삼아
혼술로 울적한 맘 달래고 있네

가끔 만나 소주 한잔에 옛정을 담고
살아온 얘기 주고받으며
못다 한 정 나눠야 하는데
이런저런 핑계만 대고 말았네

몸이 따르지 않는 것이 아니라
욕은 술잔에 섞고 싶지 않아 주저하다가
이번에도 체통 팔아먹고
그냥 눌러앉고 말았네

물같이 바람같이 흘러야 하는데
종점으로 가는 길이 초라하진 않을지
반추하며 걱정 한 모금
그리움에 넋두리 안주 한 입

사는 게 뭔지 때로는 참 난감하지만
여보게 친구들, 다음에는 감세
귀 청소해야 하는 일이 있더라도
산 넘고 물 건너 길 따라서 감세

담쟁이덩굴의 변명

몰랐다
내게 그런 힘이 있다는 것을
내게 그런 용기가 있다는 것을
나는 진정 몰랐다

아래는 허용되지 않았다
밑을 내려다볼 수도 없었다
먼저 나온 죄로 맨 앞에 서서 위로
위로만 올라갈 수밖에 없는 운명

나라고 왜 두려움이 없었겠는가?
미세한 바람에도 사시나무 떨듯 흔들리던 잎
가랑비만 내려도 축 늘어지던 연약한 줄기
그때마다 떨어지지 않게 모질음을 써야 했다

기왕 나선 길 죽기 아니면 살기
눈치 볼 겨를도 없이 땀범벅 낮은 포복으로
두 눈 질끈 감고 오르고 올라
마침내 이룬 우리들 세상

벼랑에 치부를 드러내 보이고 있지만
흉보지 말라, 탓하지 마라
누가 뭐래도 여기는 피안
나는 늘 위로 향하는 길만 꿈꾼다

내장산 탁족

내장산 오르는 초입
등산객들의 왁자함에도 물안개 피어오르듯
매미 울음소리가 온 산을 더위잡는 여름 한낮 길

모든 길은 사랑을 위해 열려 있다는
그대의 역설에도 불구하고
내장산 등산로는 산정을 향해 열려 있다

정상에 오르기는 아직 먼데
이마엔 땀방울 송송송 낮은음자리로
흐르는 물은 졸졸졸 높은음자리로
반갑게 맞이하니 쉬어 갈 겸 발을 담근다

놀던 치어들 잽싸게 자리를 피해 주고
물장난에 옷깃을 적시면
발가락 사이로 간질이며 흐르는 것이
물인지 그대의 이야기인지?

정상에 오르기는 아직 먼데
돌아서는 이 길이 가시밭길이라 해도
황톳길로 여기고 납작납작 몸을 사려야 하리

내장산 산딸기

한때는 세속의 찌든 때를 씻고
부귀와 명예도 내려놓은 채
내장산으로 숨어들어 살고 싶어 했었지

세월이 흐르면 바래고
바래면 지워지게 마련인 것처럼
이곳에서 누렸던 탁족의 추억조차 흐릿해졌다

물가의 절경을 감상하며
계곡을 더위잡는 가시덤불 속 붉은 점들
자세히 보니 내장산이 몰래 키워
알알이 맺힌 산딸기 군락이다

담금주? 생각하자
입안에 고이는 침 꿀꺽!
저절로 지어지는 흐뭇한 미소
다행히 동료들 아무도 눈치채지 못했다

풍경 보며 탁족하는 것은 뒷전인 채
한 봉지 붉은 수확으로
흐르는 물소리 즐겁다
돌아서는 발걸음 가볍다!

회룡포 전망대 오르는 길

여름 한낮 회룡포 전망대 오르는 길은
솔숲 사이 흉터로 박혀 있는 고사목 덕에
씁쓸한 배경으로 다가와
무거운 걸음 재촉했다

능선에서의 조감도, 절벽 아래 비경도
슬픈 눈으로 바라보면 쉽게 늪에 빠져
풍경에 취하듯 감상에 젖고
엉뚱한 길로 흐르기 마련

땡볕에 배어드는 땀방울과
멋진 풍경을 만난다는 설렘으로도
동행한 슬픈 영가 멈추지 못하고
잘 닦인 산길인데도 허방다리만 짚었다

회룡포 전망대에 닿기 전 늘 푸른 숲에서
있는 그대로 자신을 선보이며 누천년
품위를 잃지 않는 바위들처럼
한세상 그렇게 살 일인가 보다

비 내리는 회룡포

보고 싶은 마음 간절해
아침 일찍 빗길 마다하지 않고
두어 시간 홀로 고개 넘고 물 건너
쉼 없이 차를 몰아 달려왔다

평소 마다하던 모자 깊숙이 눌러쓰고도
살 튼튼 검은 우산 받쳐 든 것은
궂은비 내려서이기도 하지만
자주 찾지 못한 무안함이 앞을 가려서이다

괜찮다는 듯 반겨 주지만
회룡포를 휘감아 도는 내성천 물이
냇물만이 아니라 서운함도 배어 있다는 느낌에
조심조심 주변을 살핀다

여기저기 둘러보고 한참을 멍때리다가 끝내
이곳에서 함께하겠다는 말은 또 못 하고
검은 우산으로 뒷모습 가린 채
돌아서 다음을 기약하는 발걸음 무겁다

회룡포 전망대에서

아슬아슬 전망대 끝에 바투 서서
벼랑 아래는 내려다보지 마세요
날고 싶은 욕망이 한순간
당신을 유혹할 수도 있습니다

한숨 돌리고 누각에 올라
펼쳐진 풍경이나 하트형 곡선 찾아 보며
함께 오지 못한 여인의 고운 모습
상상하는 것이 제격입니다

눈치껏 맨 앞에 앉아
하늘길 떠다니는 흰 구름 바라보며
행복한 내일을 그려 보는 것도
쉬 올 수 없는 기회입니다

끊임없이 들려오는 매미 울음소리는
아직 내려놓지 못한 길 위의 인연
깨끗이 씻어 낼 울림이니 쫑긋!
귀에 손대고 들어 보세요

지나가는 바람길에 어서 오라
한 쌍의 기러기 날며 환영하는 것은
사랑 길이 가까워졌음을 알리는 것이니
그윽한 눈길로 다가서면 그만입니다

제3부
가을 길

가을 길

시나브로 깊어 가는 가을 길
어디론가 떠나고 싶은 충동에
조선의 마지막 예인 집단 남사당패
꼭두쇠 바우덕이를 찾아
안성 청룡사 불당골을 헤맸다

생긴 그대로의 기둥인 청룡사 대웅전
그 자연미의 무게감을 감탄하다가
퇴색해 가는 단청의 아쉬움을 뒤로하고
바우덕이 사당을 찾아갔으나
문은 닫혀 있고 인적조차 끊긴 지 오래다

주변에는 유명세만 믿고 들어서는
끼끗하고 기발한 현대식 건물들
산자락을 파고 넓히며
어울리려 안간힘을 쓰지만
새들도 이미 그곳을 떠났나 보다

그나마 인정 있어 보이는 '여우가 말했다'에서
차 한 잔으로 어린 왕자를 만나
여우의 지혜와 흘러간 것에 대하여
생각하며 정담을 나눠 보지만
남사당패의 흔적은 만날 수 없었다

세월은 모든 걸 지우게 마련인가?
시끌벅적했던 행적과 찬란한 영화도
명맥은 고사하고 기억조차 스러져 가며
해 질 녘 개울가 바우덕이 무덤 앞에는
스산한 가을 길이 깊어 가고 있었다

건강하세요

진 데를 밟아 온 난
야윌 대로 야위었습니다
더는 야윌 수 없어
삭아 사방으로 흩어질 정도로

그래도 연민은 사양합니다
스치는 인연만으로도
가슴 벅차 쓰러지기에
나름의 길이면 원망하지 않습니다

만추에 황학산 마을 길로 접어들면
풀벌레 소리도 멎은 은은한 달빛에
평생 짊어온 짐 내려놓고
당신 곁으로 날려가겠습니다

향기처럼 날려가
당신의 들숨과 날숨을 따라 드나들며
산소 같은 사랑 전할 수 있도록
부디 건강, 건강하세요!

오늘 하루도 그만하기를 빈다

옷깃을 헤치며 올라 산모퉁이 돌면
펑퍼진 나무 그루터기 하나
그 위에 검붉은 솔잎 더 긁어모아
궁둥이를 붙이고 자릴 잡는다

촘촘한 잔솔에 인적은 뜸하고
산새 소리조차 들리지 않는 고요
가깝고도 먼 같으며 다른 배경들
보는 것만으로도 고즈넉하다

흔들리면서도 초라하지 않은 억새에
더덕 향 코끝을 스치니
차 한 잔 없어도 좋지만
당신은 곁에 있으면 싶다

솔바람 여전히 간간한데
자수처럼 수놓기 시작한 가을 솔길에서
좀처럼 만나기 힘든 당신이지만
오늘 하루도 그만하기를 빈다

가을 풍경도 답답할 때가 있다

상한 마음 숨기고
진한 커피 한 잔 홀짝이며
바라본 창밖

온 산은 그리다 만 추상화로
가을빛 넘치게 다가오고
하늘엔 흰 구름 안겨 있다

다시 시작하긴 늦었는데
서리 맞아 검게 풀죽은 호박잎 사이
들국화 한 무더기 흔들리고 있다

그 위로 자리하는 서러움과
내게서 멀어지는 그대
이대로 인연이 아님을 인정해야 하나 보다

향긋한 커피 향 코끝을 스쳐도
낙엽처럼 미련만 뒹구는 지금
가을 풍경도 답답할 때가 있다

새집 줄게 헌 집 돌려주오

헌 집은 싫다며
새집 짓고
무작정 자리 잡은 그대

꽉 막힌 생활이었다
계절이 변하는지도 몰라
눈치만 보며 주저앉은 설움의 나날

그림자는 찰거머리였다
떨치려 모질음을 써도
가슴을 파고드는 질식할 것 같은 고집

꽃을 보고도 피했다
만남의 의미도, 인연의 소중함도
다가오는 사랑까지도 모른 척했다

그대여, 나는 언제까지 새집에 갇혀
떠나는 연습이나 하며 살아야 하오
인제 그만 새집 줄게 헌 집 돌려주오

산골 폐교에서

한적한 가을 저녁 한때
아이들 모두 사라졌지만 아직
길가에 코스모스 피고 새가 우는
산골 폐교에 천사들이 모였습니다

주로 유모차 밀고 온 노인들만 눈에 띄는
교정 모퉁이에 붉은 융단 깔고
천상의 선율 들려주니 조는 듯 마는 듯
즐거웠던 시절 회상합니다

감았던 눈을 뜨면 노을이 깔린 윤슬 위
느린 듯 빠르고 즐겁게 현악으로
봄 여름 가을 겨울 지나며
슬픈 듯 신나게 타악기까지 곁들입니다

꿈을 타고 연약한 날개 펼쳐
어화둥둥 유행가 하늘을 날면
구름 사이 둥근달까지 내려와
어우렁더우렁 손잡고 함께합니다

아쉬운 앙코르곡을 끝으로
천사들 하나둘 하늘로 오르면
풀벌레 소리에 어둠이 파고드는 여기는
웃음소리 다 사라진 산골 폐교일 뿐입니다

어느 광장의 가을밤 풍경

가랑잎 뒹구는 가을밤 광장이다
손풍금 연주에 발자국들이 모여들자
다소곳한 자세로 가면 쓴 무희가 등장하고
그녀의 손끝이 허공을 찌르자
춤판이 열린다

신나는 반주에 흔들고 털고 말리고 돌리고
유연하게 때로는 절도 있게 구르고 뛰며
옆으로 앞뒤로 넘어질 듯 솟아오르는
현란한 춤사위는 박수를 부르고
박수는 고난도 묘기를 부추긴다

신이나 장단을 맞추던 구경꾼들
탄성과 갈채가 이어지며
뜻밖의 가을밤이 깊어 가는데
마침내 무희가 쓰러지자 연주도 끝나고
열광의 도가니가 닫힌다

모인 발자국들 하나둘 흩어지자
주위는 다시 가랑잎 날리는 가을밤
별일 없었다는 듯
을씨년스러운 바람만 휩싸이는
어느 광장의 가을밤 풍경이다

냉수 먹고 속 차려

줍느라고 송골송골 땀이 밴 알밤
한 봉지 안겨 주고 돌아온 가을밤
은하 길 바라보며 그대 모습 그립니다

이번에는 알아주겠지
속마음 내비쳐도 받아 주겠지
사랑해 주겠지

은근히 기대하며 찾아갔지만
알밤을 받아 들고도 알 듯 말 듯 한 미소에
차 한잔하고 가라는 말도 없어 발길을 재촉했습니다

길모퉁이 돌기 전 슬쩍 돌아보았으나
그대 모습은 보이지 않고 현관 불빛도 꺼져
기대는 어둠에 묻히고 말았습니다

그댄 늘 대수롭지 않게 만나고 헤어지지만
속 타는 이 마음 혼자 삭이며
내 마음 같기를 바랐습니다

군밤 호호 불며 먹는 그대 모습 상상하며
둥근달에 길을 묻습니다
그날은 언제쯤일까, 오기는 오는 것일까?

그때, 밤하늘에 한 획을 그으며
꼬리 긴 흔적을 남기는 별똥별이 일갈합니다
"이놈, 냉수 먹고 속 차려!"

고구마 이삭

가을걷이가 얼추 끝난 빈 밭에
비스듬히 누운 허수아비 친구들
그림자 벗 삼았습니다

햇살은 어제처럼 가득한데
알토란 자식들 다 떠난 마른 옥수수 잎
가을바람에 서걱서걱 울먹이고 있었습니다

사연 많던 여름 얼키설키 살다 보니
살이 오르고 얼굴 불그레 성장한 새끼들
그러나 쓸 만한 놈 죄다 떠난 빈 밭을
두더지처럼 온통 들쑤셨습니다

어쩌다 고구마 이삭 하나
무딘 호미 끝에 걸려들면
신나는 탄성 오후의 따가운 햇볕을 타고
타작마당 콩알 구르듯 퍼져 나갔습니다

상처투성이로 얻은 고구마 이삭이지만
푹 삶아 토실토실 밤토실인 양
호호 불며 먹는 당신 모습
상상만으로도 흐뭇한 하루였습니다

선산에서

어릴 적에는 놀이터 겸 일터
할아버지가 심어 고목이 된 밤나무에
누에치기로 상전벽해 될 뻔했던 아버지의 뽕나무
그리고 조상 묘와 화전 밭이 자리한 선산

아버지 살아생전 피땀 흘려 일군 화전 밭은
온갖 곡물 키우고 자라다가 지금은
잡초와 칡넝쿨, 잡목들이 판을 치는 숲으로
원상 복구하며 추억으로 묵혀 있다

그 속에 작은 너럭바위 하나
너무 커 치우지 못하고 밭을 일구시다 잠시 쉬며
막걸리 한 잔으로 목을 축이시고
시원한 바람 불러 흘린 땀 말리시던 곳
아버지가 앉아 계신 듯하다

머지않아 나도 자리하게 될 이곳
꽃잔디로 봉분 옷 예쁘게 입히고
조팝나무로 곡장 두르겠다지만 부질없는 짓
한 무더기 추억의 흙으로 자리하고 말리라

조용히 살기

길을 접고 떠나 있습니다
아는 이도, 알아주는 사람도 없는
양평 청운으로 나를 몰아넣고 지내 봅니다

이틀 연속 내리던 가을비가 그친 아침입니다
산안개가 가만히 봉우리를 감싸더니
그윽한 눈길로 내려다보고 있습니다

더는 이곳에 머물고 싶지 않았을까요?
마침내 능선을 더위잡아 그곳으로
간다는 말도 없이 넘어갑니다

가서 내 소식 전하겠지요
아직 길을 헤매고 있지만 그럭저럭 지낸다고
곧 돌아올 것이므로 걱정 붙잡아 매라고

온 산은 삼원색으로 시끌벅적합니다
그래도 나는 조용히 살겠습니다,
내가 추구하는 청운을 기다리며

그 불

인공지능 시대를 누리는 너희는
고향에 대한 그리움이나 애절함도 모른 체
편리한 전자 문화에 젖어 살지만
내게는 속앓이처럼 이어 온 불씨가 있다

어릴 적 산과 들로 뛰놀며 생긴 그 불
떠나 살지만 꿈에서도 잊지 못하는 그 불
회상하면 엄마 품처럼 기분 좋은 그 불
언젠가 돌아가 활활 꽃피우고 싶은 그 불

도시 태생인 너희가 보기엔 사소한 불이겠지만
내게는 소리 없이 타들어 가는 짚불이다
꺼질 줄 모르는 왕겨 불이다
누구도 끌 수 없는 영원한 불이다

가을 길에서 겨울 길로 접어드는 지금
아무리 해도 손방인 AI는 훌훌 털어 버리고
아직도 반딧불이 날고 풀벌레 우는 오솔길 돌아
그 불 가지고 놀며 마지막을 불태우고 싶다

지우고 바꿔

거친 숨결에 알록달록
변신한 죄로 떨어지는 나뭇잎들
성장과 이별을 하나둘 정리하고 있다

푸르름, 지우고 바꿔 단풍 길로
우거짐, 지우고 바꿔 낙엽 길로
아쉬움, 지우고 바꿔 오솔길로

그렇게 지우고 바꾸다 보면
이른 달빛 혼자 밝은 늦가을 밤
풀벌레 울음소리 창문을 넘나들고

사랑은?
지우고 바꾸기를 주저하다가 슬그머니
바지춤에 찔러 넣는다

그러자 들려오는 이명
"다 지우고 바꿔
너 자신까지도 지우고 바꿔!"

밤에 대한 추억

집 안에 넘치던 밤은 자랑거리였어
호주머니 가득 알밤을 쑤셔 넣고 집을 나서면
날다람쥐처럼 기세등등 날아다녔지

부러운 시선들 하나둘 뒤를 따르고
동무들에게 선심 쓰며 으스대던 기분이란
우리 집이 동네에서 제일 부자인 듯싶었지

그러나 그런 기분은 오래 가지 못했어
초등학교 입학 무렵부터인가…? 아무튼
밤나무가 원수보다 밉게 보이기 시작했지

새벽이면 밤사이 떨어진 알밤을 줍고 등교하라는
아버지의 성화에 단잠을 설치며 차라리
밤나무를 모조리 베어 버리고 싶었어

털어 모은 밤송이가 마당에서 적당히 삭으면
알밤만 고르느라 여기저기 밤 가시 찔림도 늘어나고
밤마다 따끔거리는 손가락 끝에 장을 지져야 했지

덕분에 지금도 아람 분 밤송이를 보면
떨어진 알밤을 찾아 줍기보다는
손가락을 먼저 살피는 버릇이 생겼어

장날이면 부모님은 크고 잘생기고 성한 놈들만 골라
장에 내다 돈을 사 밀린 월사금도 해결해 주고
옷에 몸을 맞춰야 하는 설빔도 사 오셨지

팔지 못할 잔챙이나 벌레 먹은 놈은 따로 모아
화롯불에 구워 구진 입을 채우면 그만이었어
할머니의 옛날이야기 곁들이면 더욱 좋았고

제4부
겨울 길

겨울 길

힘들게 찾아간 겨울 부두
비릿한 내음은 위산까지 토하게 했고
영혼마저 앗아 갈 듯 뜨겁게
휘몰아치던 바닷바람

그때 기꺼이 나와 동행한
애상과 외로움, 오만과 편견
돌연변이 그리움까지 아직
내 기억에 남아 있다

그 겨울만 배겨 내면
다 잘될 것으로 생각했었다
겨울 바다와의 벌거벗은 만남으로
젊음에 방점을 찍고
봄으로의 편승을 기대했었다

그러나 구레나룻만 자라
내 바람 눈가루처럼 흩날리고
모진 바람만 느낌으로 간직한 채 오늘도
서릿발 진 겨울 길을 걷고 있다

초겨울 문턱에서

고속도로를 날아 도착한 해변은
흰 거품 앞세워 밀려드는 파도뿐
그림자조차 없어 을씨년스러웠다

끝 모를 수평선 저 너머
바다는 하늘로 열리고 하늘은 바다로 닫히며
눈 시림으로 맞이하는 초겨울 바다

나뭇잎은 거지반 떨어졌다
가지 끝에 남은 잎은 찬 바람과 정분이 나
햇살마저 거부하며 살랑거리고 있었다

매년 반복되는 일이기에 초연하고 싶지만
연말에는 끝내 예리해져 칼날 같고
달래지 못한 설움이 질척이고 있었다

이제 모든 걸 마감해야 할 초겨울 문턱
지난가을 설레던 사연 접어 둔 채
큰 바다처럼 끝까지 침묵할 일이다

겨울 아침 풍경

추위와 별로 친근한 햇살이
유리창으로 넘어 들어와
밤사이 안녕을 확인하며 인사하는
겨울 아침 나만의 공간입니다

귀맛에 길들인 음악이 흐르고
마음이 통하는 동료가 수다를 떨며
밤사이 소식을 풀어놓으면
풀 죽었던 날개에 힘이 돋습니다

커피잔에 피어오르는 김이
햇살과 모락모락 정담을 나누고
커피 한 모금 목을 타고 넘어가면
꾸르륵꾸르륵 빈속에 생기가 돕니다

그리움 배경으로 연분홍 시 한 편
열심히 끄적거리며 고민하는 지금
인사를 마친 햇살이 당신처럼 말없이 떠나는
겨울 아침 풍경입니다

눈을 기다리며

대머리에 돋보기안경
잔주름 쭈글쭈글한 얼굴이지만
꼭 해 보고 싶은 것이 있습니다
함박눈 펑펑 내리는 날
강아지처럼 폴짝폴짝
눈 위를 뛰고 뒹굴며 놀아 보는 거
그놈의 체면 때문에 지금까지
세월에 발을 담근 채 뒷길에서
이것저것 눈치만 보며
얼음이어야 했습니다
언제 녹을지 장담할 순 없지만
시간과 사랑이 더 필요합니다
겨울 길은 길고 기니까요
이번 겨울 눈이 내리면
에스키모인인 듯
설산의 설인인 듯
눈 속에 묻혀 지내겠습니다

첫눈

12월 첫날 월요일 출근길
차를 몰아 고갯길을 오르는데
화살처럼 빠르게 돌진해 오는 흰 물체들

뭐지…?
자세히 살펴보니 눈
첫눈이다, 첫눈!

고갯마루에 차를 멈추고 내리자
온 천지에 날리는 성성한 눈발
이날만을 기다린 듯 펑펑 내리고 있다

첫눈이 오면 새삼
만나기로 한 여인이 있다거나
찾아가야 할 곳이 있는 낭만은 없다

그래도 첫눈을 자축하며
감탄 후 팔 벌려 심호흡하고
흐뭇한 마음으로 눈길을 달린다

첫눈 맞으며 달리는 이 길이
그대에게 가는 길이었으면 좋겠다
사랑길이라면 더욱 좋겠다

첫눈의 추억

첫눈이 오면
만나기로 약속한 적도 있었다
강아지처럼 폴짝거린 적도 있었다
눈싸움으로 웃고 떠든 적도 있었다
세상 다 가진 기분인 적도 있었다
그냥 좋아 소리친 적도 있었다

첫눈이라는 이유로
무조건 찾아간 때도 있었다
들뜬 마음에 전화한 때도 있었다
하염없이 기다린 때도 있었다
손잡고 걸으며 설렌 때도 있었다
사랑 찾아 헤맨 때도 있었다

그놈의 첫눈
부담스러워 피한 적도 있었다
눈 같지 않아 부정한 때도 있었다
잠에 취해 하얗게 맞이한 적도 있었다

오든 말든 앞만 보며 달린 때도 있었다
상관없는 일이라며 외면한 적도 있었다

첫눈
올해도 어김없이 찾아올 첫눈!
어느 길에서
무엇을 하며
어떻게 맞이하게 될까?
궁금한 마음으로 기다리는 중이다

눈 내린 황학산을 걷다

세상은 갈수록 어렵고
힘들어 죽겠다며 엄살들인데
가진 거 하나 없는 놈이 평일 대낮에
눈 내린 황학산을 걷는다

예보에 없던 폭설이 내린 후
아무도 범하지 못한 산책길
자주 걸어 본 익숙한 길이지만
처음 보는 풍경처럼 낯설다

바람 소리에 맞춰 걸음을 옮기다가
저만큼에서 슬며시 뒤돌아보니
바르지 못한 발자국 속에
되살아나는 시큰한 추억, 추억들

세월은 어떤 상처든 아물게 한다지만
그래도 문신처럼 흔적은 남기에
아직 씻지 못한 아린 마음 다잡으며
미련만 잉태하는 반추를 삼킨다

잠시 순백으로 변신한 산길처럼
내 상흔 그렇게라도 덮고
아무 일 없는 듯 황학을 기다리며
어우렁더우렁 살 일인가 보다

볼우물 깊은 가벼운 미소

볼우물 깊은 가벼운 미소 지으며
처음이자 마지막으로 내게 와
피안을 만들었던 당신

그 모습에 취한 나는 깜냥껏
그네와 시소가 있는 풍경 만들며
모닥불까지 활활 피웠습니다

그러나 당신은 떠나갔지요
내 사랑이 무겁고 밋밋하다며
그 볼우물 깊은 가벼운 미소만 남겨 놓은 채

그 후 나는 설 힘을 잃었습니다
꺼져 가는 불씨를 가슴에 안고
그네와 시소를 바라보며 멍때릴 뿐입니다

먼 훗날 나는 말할 것입니다
당신의 그 미소 아직도 내 마음에 살아 있어
길고 긴 겨울 길을 걷고 있다고

어석리 미륵 석불입상

도원 세상 장호원에서
안성맞춤 안성 땅을 밟기 전
눈 시림을 헤치며 조심조심
눈 내린 들길과 마을 길을
미끄럼 타듯 돌아들면
백족산 아래 시골 동네 한가운데
광화문 충무공 동상처럼 우뚝 서
마을과 함께하고 있는
어석리 미륵 석불입상 하나
이웃으로 생각해도 좋고
흘러간 문화도 상관없으며
돌부처도 괜찮다는 듯
천여 년 돌하르방 같은 표정으로
동네 한가운데 또바기 서 있다
누가 어떻게 생각하고 바라보던
마을 지킴이다
어석리 주민이다

라면을 끓이며

눈 내려 고요한 세상이지만
어쩐지 출출한 동지섣달 긴긴밤
양은 냄비에 물을 부어 불을 붙이고
라면 봉지를 뜯었다

잠시 후 냄비 바닥에서 솟아나는
하얀 공기 방울들
하나둘 헤아려 보지만 금방
셀 수 없을 만큼 많아진다

세기를 포기하자 물이 끓는다
무엇이든 다 삶겠다고 아우성친다
사리를 넣자 잠시 잠잠하다가 다시 끓는다
덩달아 면발이 풀어지며 함께 춤춘다

젓가락으로 휘적휘적 저으며 말려도
수프에 달걀 하나 깨어 넣어도
아무 영향 없는 작은 용암의 세상
열광의 도가니는 멈출 줄 모른다

꿀꺽! 침이 넘어간다
내 삶도 저래야 하는데 밋밋하기 짝이 없다
괘종시계가 자정 넘어 새날을 알리지만
변하는 건 아무것도 없다

석남사 마애석불을 찾아서

남은 겨울 햇살을 살피며
멋진 카페에 들를까, 문화 유적을 만날까
옥신각신하다가 당신은 카페로
나는 석남사 마애석불로 각각 찾아들었다

거대한 바위에 스며든 석불
예상대로 찾는 사람은 뜸하고
계곡물조차 하얗게 얼어 있지만
서산마루는 붉은 화엄의 세계이다

흐릿한 미소의 풍화된 윤곽을 더듬으며
인증 사진 몇 장 찍고 나니
겨울빛 온기 없이 스러져가고
내린 눈만 깨어 있어 내딛는 발길을 잡는다

노란 복수초 한 송이 눈에 띌 듯하지만
당신에게 돌아가는 길이 급해
재우쳐 발길을 옮긴다
늦는다고 비난의 화살이 꽂힐 듯하다

검붉은 산수유 열매 하나

산수유나무 가로수 길
잎은 다 졌고 열매도 거지반 떨어졌지만
보글보글했던 지난봄 상상하며 걷던 길이다

걸으며 하고 싶은 말 있어도
가지 끝에 남은 검붉은 산수유 열매처럼
참고 또 기다리며 기회만 엿볼 뿐이었다

그러나 하얀 겨울이 다 가도록
다가갈 용기도 없고 만날 이유도 안 생기니
미련만 더께처럼 쌓여 갔다

마지막 남은 검붉은 산수유 열매 하나
새봄의 전령 산수유꽃에 밀리지 않으려
모질음을 쓰며 버티는 듯하다

낼모레쯤 새싹 움트는 마른 길섶에
나처럼 끝내 아무 말 못 하고
떨어져 뒹굴고 말겠다

오래된 습관

아침, 세상이 하얗다
추위에 몸을 움츠리다가 눈을 쓸어
한쪽 구석으로 모으며 길을 낸다

퍼뜩!
출근길이 미끄럽겠다는 생각이 스친다
그렇다면 빨리 출발해야 하는데
이러고 있을 때가 아닌데……

거기까지 생각이 미치자
얼른 빗자루를 내던지고 들어와
씻고 입고 준비를 마치니
평소보다 조금 빠른 듯하다

여유 있지만 현관 앞에 서자
그제야 나타난 아내
"어디 가?"
"눈 왔어, 출근 서둘러야지"

현관문 손잡이를 잡아 돌리려는데
"당신, 퇴직했어!"
"퇴직! 아하, 이런…?"
깜박했다

삼십 년이 훌쩍 넘은 이 오래된 습관
못 말릴 일이다
참 신기한 일이다

겨울 길은 길고 춥고

벼 한 포기 제대로 자랄 수 없어
사람 그림자 끊긴 다랑논이 위치한 곳은
여름 한낮에도 냉골

나무와 잡풀만 우거져
날벌레 길벌레 함께 뒹굴며
도롱뇽 서식처인 골짜기였다

그 골에 들어가 산막 짓고
비바람 맞으며 도랑치고
꽃뱀 쫓으며 지은 구메농사는 쭉정이 반

그래도 남는 게 있다며
내년에는 이중으로 도랑 치겠다던
진흙 범벅 아버지!

언제쯤 호락질 끝내고
마을로 내려와 어우렁더우렁
같이 웃을 수 있을까?

겨울 길은 길고 춥고
눈 내리는 것도 잊은 채 동토처럼
모든 걸 얼리고 있었다

만남과 이별에 대하여

만남 뒤엔 항상 이별이 서성이지만
그 이별은 더 깊은 인연을 잉태하나니
서운해하거나 미련 둘 필요 없다

섭섭함으로 내민 손 마다하고
짧은 여운 남긴 채 등을 돌리면
눈물 한 줄기 흘러
길을 막아설 수도 있다
돌아서고 싶을 수도 있다

그러나 삶은 미련의 연속
아무 일 아닌 듯
초연히 떠나라
그 길이 추락의 연속이라 해도
온 마음을 다해 부딪쳐야 한다

그리하여 하얀 겨울 다시
그리움 알알이 눈송이로 내려

다리에 힘이 솟고
심장의 피가 끓어 넘칠 때
돌아와 재회의 기쁨을 누려야 한다

만남 뒤엔 항상 이별이 서성이지만
그 이별은 더 깊은 인연을 잉태하나니
서운해하거나 미련 둘 필요 없다

제5부
인생길

인생길

역마살이 끼었대도 좋다
바람 불면 부는 대로
눈비가 오면 오는 대로
머물지 못하고 떠도는 내 인생길
책잡아 비난해도 괜찮다

길 위에서의 내 인연이
스치는 만남의 연속이라 해도
그만함에 만족하고 감사하며
허락된 안복을 자축할 뿐
내려놓았기에 모든 걸 감수할 수 있다

오늘도 바람은 하늘길을 떠돌며
드러난 것은 드러난 채로
숨겨진 것은 숨겨진 채로
미련을 두지 않고 스쳐
제 갈 길로 가고 있다

내 인생길도 마찬가지다
머무는 인연 머무는 대로
흐르는 인연 흐르는 대로
풍경과 바람에 맡겨 둔 채
느낌표를 찾아 떠돌 뿐이다

밤, 망양 해변에서

언제였더라, 아
언제였더라?

까마귀 고기를 구워 먹었는지
레테의 강을 건넜는지
기억이 날 듯 말 듯 아스라하지만
이 밤 또 망양 해변에서 불멍을 하며
추억의 길로 접어든다

세상 모두가 내 것인 양
질풍노도로 빠져들던 그 시절
떠오르는 태양의 금빛 노을 배경으로
고운 손 뜨겁게 마주 잡고
홍조 띤 볼을 스치던 찰나의 뽀뽀
콩닥콩닥 심장이 터질 듯한 첫 포옹
불에 덴 듯한 황홀한 첫 입맞춤

언제였더라, 아
언제였더라?

솔 그늘에서 젊음을 말갛게 그을리며
그대와 함께했던 모래알은 그대로인데
하얗게 바래져 가는 초로의 인생길은
망각의 연속인가 보다

습관적으로

업무를 시작하기 전
습관적으로, 아주 그냥 습관적으로
커피 한 잔 준비한다

봉지 커피를 뜯어 종이컵에 쏟고
펄펄 끓는 물을 부어
뜯은 빈 봉지로 휘적휘적 젓는다

예쁘고 비싼 도자기 컵에
앙증맞은 숟가락이 준비되어 있는데도
인스턴트의 편리함이 내 행동을 지배한다

몸에 해롭다, 빨리 갈 수 있다며 성화인데
당장 생명에 지장이 없다고
남의 일처럼 반응하고 있다

부조리한 현실이다
진한 갈색이 사약 같다는 느낌도 들지만
그래도 쓴웃음 머금고 한 모금 꿀꺽!

까짓거 조금 빨리 가는 길이라면
먼저 간 친구와 놀며 기다리면 되지
인생길 뭐 있나!

아픈 이

미안해, 한동안 널 생각할 수 없어
뒤늦게 나오는 사랑니에 밀려
오른쪽 위 어금니가 너무 아파

지그시 이를 물면 아픈 부위가 감지되는데
그 아픔은 지금의 고통이 아니라
지난겨울 우리가 걸었던 사랑 길 같아

그땐 내가 사랑니였고 너는 어금니였지
너는 모든 아픔을 참으려 했지
줄 줄만 아는 바보처럼 사랑하려 했지

세월은 흘러도 추억은 남는 법
이어 오지 못한 사랑 되새기며
아픈 이를 악물고 반추해 보네

오른쪽 위 어금니가 다시 아파져 오네
치과라도 한번 가 볼까?
그곳에서 널 볼지도 몰라

빛과 그림자의 법칙

축하 축하로 올라갈 줄만 아는 당신
빛이 강할수록 그림자는 짙어진다는 말
무슨 뜻인지 잘 알지요?

나름의 성공과 출세로 멋져 보이고
부러움을 사기도 하지만
너무 상승하면 하향은 잊고 살게 되지요

한없이 오르려고만 할 뿐
파도가 흰 거품 앞세워 밀려오는 뜻을
자기 방식대로 해석하고 말지요

그러나 우리네 인생길은 올라갈 때 조심하고
내려오는 길 예비해 둘 때
후회 없는 삶이 된다오

위만 바라보며 승승장구하는 당신
아래는 아예 모르쇠를 잡고 사는 당신
빛과 그림자의 법칙 명심하세요

퇴근길

적막한 교정을 나서며 주춤한다
어느 길로 가야 하나?
사방은 山, 山, 山

망설이다가 하늘을 보니
제트기 지나가며 만든 하얀 비행운이
손 흔들던 네 모습처럼 흐려지고 있다

새로 난 다리 밑 실개천은 아직
물고기의 서식을 완강히 거부하며
순응을 꺼리고 있다

하루살이 난무하는 다리를 건너
이쪽저쪽 갈 길을 톺아보지만
여전히 山, 山, 山

고민고민해도 갈 길은 보이지 않으니
선명한 비행운을 기다리며
실개천의 순응이나 도와야 할까 보다

재충전

하루 일을 마치자
오라는 곳도, 갈 곳도 없어
다람쥐 쳇바퀴 돌 듯 돌아온 집이다

믿는 집이라고 십자가는 걸려 있는데
없다, 아무도 없다
고요함만이 어서 오라 맞이할 뿐

다 떠났어도 주님은 남아 있다고
애써 자위해 보지만
휑한 길로 들어선 기분이다

갈수록 힘든 세상 탓하며
반주 한잔 곁들여 저녁을 때우고 나면
약속처럼 다가오는 적막 길

스며드는 나른함에 TV는 혼자 떠들고
몸은 어느새 꾸벅꾸벅 졸고 있다
내일을 위해 재충전해야 할 시간인가 보다

이사

좁아터진 서민 아파트 일 층에서
아옹다옹 살아오다가 늘그막에
죽기 전 한 번은 옮겨 봐야겠다고
마지막 살 집이라며 이사를 준비한다

들뜬 마음으로 처음 입주해
아이들 낳고 키워 온 삼십여 년
눈 감고도 알 수 있는 공간에
흔적 하나하나 함께한 시간이었다

손때로 낡고 한물간 구식 세간들
미련이 남아 버리지 못한 생활용품들
필요 없어 베란다에 방치한 물건들
버릴 것과 가져갈 것을 고른다

책장 가득 꽂혀 있는 책은?
화단에 정성을 들인 꽃과 나무는?
아, 지하실에 감춰 둔 담금술은?
고르고 골라도 아쉬움이 남는다

이젠 어느새 내리막 인생길
하나둘 비우며 정리해야 하지만
마지막까지 남겨야 하는 거 하나
너, 바로 당신!

함박꽃 당신

남들에게는 늘 호의적이면서
숨겨 놓은 함박꽃 당신에게는
왜 툭하면 신경질적이었는지

이웃은 넉넉하게 대접하면서 정작
수줍은 당신에게는 인색하게 굴며
왜 대우만 받으려 가탈을 부렸는지

긴 세월 함께하며 단물곤물
장점은 자발없이 당연시하고
왜 자꾸 단점만 들춰 헤집었는지

내게는 좋은 것만 골라 주고
자기 것은 머뭇거리며 아까워했는데
왜 매양 무시하고 핀잔만 주었는지

나이 들면 누구나 젊음을 잃고
아픈 곳이 많아지게 마련인 것을
왜 이해하지 못하고 타박만 하였는지

화수분 같은 당신의 사랑으로
편안하게 살아온 나날 속에서
내가 했던 모든 쌩이질 정말 미안하오

살아온 길보다 살아갈 길이 짧아진 지금에서야
까맣게 탔을 당신 속이 보이는 듯하여
용서를 빌며 참회하고 있소

이젠 다시 태어나도 나와 함께하겠다고
거리낌 없이 말할 수 있는
당신 닮은 함박꽃이 되겠소

약속하오, 우리 남은 하얀 길은
당신만 생각하고 위하는
해바라기 삶이 될 것을 맹세하오

밤은 고요하지 않다

그러나 대낮 같은 밤길
담배에 불을 붙인다
연기가 퍼져 나가다가 사라진다

그러나 냄새는 남는 법
헛기침으로 큼큼 지우려다가
앞에 오는 여성과 마주쳤다

그러나 모르는 여인
단색 투피스에 끼끗한 단발머리로
평범한 중년 여성이다

그러나 그녀의 눈가에 맺힌
마스카라 검은 눈물 자국을 본 순간
걸음이 멈춰진다

그러나 그녀는 관심 끄라는 듯
총총걸음으로 스쳐 갈 뿐
연민은 사양한단다

그러나 어디서 본 듯한 느낌
생각해 내려 애써 보지만
기억은 하얗게 밤길을 헤매고 있다

그러나 밤은 고요하지 않다
뒷모습만 바라보다가
오지랖 여미며 돌아서고 만다

친구 종성에게

타향살이 시작부터 의기투합해
바쁜 시간 쪼개어 만나고 헤어지며
누구보다 도탑게 지내 왔었지

만나면 세상 얘기에 잔 부딪치고
서로의 과거와 현재
미래까지 더듬고 주무르다가
취기가 오르면 허풍에 노래도 깃들이며
시간 가는 줄 몰랐지

늦은 밤 비틀거리는 몸 추스르며
악수하고 각자 집으로 향한 것은
아직 젊다는 거
아직 생생하다는 거
아직 돌봐야 할 강아지들이 있다는 거

보면 반갑고 못 보면 궁금해하며
안팎으로 살갑게 지내 온 지 어언 사십 년

강산이 네 번이나 바뀌는 동안
흰머리도 많이 늘었네

이제 기우는 인생길이네, 가만
우리 전생에도 인연이었나?
궁금 양이 또 저만치 안겨 오네
언제 볼까?

하지만, 예전 같지 않은 몸
마음은 있어도 서로 조심해야 할 늘그막
연락 없다고 너무 서운해 말고
건강 잘 챙기며 무사하게나

그 빵을 먹고 싶다

십여 리 등굣길 마다하지 않고
하루도 빠짐없이 출석한 것은
학교가 좋다거나 공부가 재미있어서가 아니라
공짜로 나눠주던 구호품 옥수수빵 때문이었다

배고픔 참고 견디다 보면
학교가 파할 때쯤 나눠 주던 배급 빵
구수한 냄새 진동해 군침 저절로 넘어가던
노릇노릇 둥글넓적한 그 빵

빵처럼 둥근 얼굴의 예쁜 선생님은
당번을 통해 빵을 나눠 줄 때마다 왜
조용조용! 외치다가 꼭
눈을 감으라고 했을까?

실눈만 떠도 받지 못할까 봐
두 눈 질끈 감고 경건한 마음으로 받아 들면
집에서 애타게 기다리고 있을 동생 얼굴 떠올라
함부로 먹지도 못하고 하굣길을 달려야 했다

마른버짐에다 코흘리개였기에 때로는
바람에 스치는 유혹 뿌리치지 못하고
조금씩, 아주 조금씩 떼어 먹다가
집에 도착할 때쯤이면 어느새 빈 호주머니

동생은 울고불며 떼를 쓰고
어머니의 하얀 꾸지람 손뼉으로 허공을 갈랐지만
어린 마음에도 후회는 흘러넘치고
내일은 통째로 갖다주겠다며
새끼손가락을 걸고 약속해야 했다

강산이 몇 번이나 바뀌고
부드럽고 달콤한 빵 차고 넘치는 요즘
그 빵을 먹고 싶다
그 빵이 그립다

회식

지루한 회식이 끝나자
넘치던 먹을거리와 왁자하던 대화도
빈 술병처럼 나뒹굴고 있다

저마다 분주한 척 서두르는데
뿌리치는 너를 잡지 못하고 발길 돌리니
가로등 불빛마저 희미하다

휘청휘청 걷다가 가로수에 기대면
귓전에 웃음소리 하얗게 쏟아져 내리고
축 처진 어깨 위로 네 얼굴 스며든다

망설이다 전화 걸면 들려오는 기계음 뚜뚜뚜
머릿속 칼날 하나 쨍! 금 가는 소리
마음속 칼날 하나 뚝! 부러지는 소리

그 칼날들 모두 금 가고 부러지는 날
내 눈에 든 들보를 걷어 낸 후
진정한 인생길의 회식이 시작되리라